LE CHEVALIER FRANÇAIS A LONDRES,

COMÉDIE

EN TROIS ACTES ET EN VERS,

Représentée par les Comédiens François, à la fin de Novembre 1778.

Par M. DORAT.

A PARIS,

Chez DELALAIN, Libraire, rue de l'ancienne Comédie Françoise.

M. DCC. LXXIX.

Avec Approbation & Permission.

J'ai conservé dans cette Piece le rôle d'Arlington ; il me femble qu'il y jette de la variété, en développant davantage le caractere de Rochefter ; d'ailleurs c'eft un Rival de plus que je donne au Chevalier. Plus ce dernier a de motifs d'inquiétude & d'impatience, plus le but de l'Ouvrage eft rempli. Toutes ces nuances échappent dans l'effervefcence d'un premier jugement. Les Lecteurs plus tranquilles les apperçoivent mieux ; c'eft à eux que j'en appelle. J'ai fait auffi quelques changemens dans la derniere Scene du fecond Acte, entre Mifs & le Chevalier.

PERSONNAGES.	ACTEURS.
LE CHEVALIER.	M. Molé.
Le Lord ARLINGTON.	M. Préville.
Le Lord ROCHESTER.	M. Monvel, *ensuite* M. Fleuri.
MISS ADELSON.	Mlle. Doligni.
LADI HALIFAX, *sous le nom de* LADI STÉELE.	Mlle. Fanier.
BRINON, *Factotum du Chevalier.*	M. d'Azincourt.
Un autre Valet, *Personnage muet.*	

La Scene est à Londres, dans la Maison du Viceroi d'Irlande.

LE
CHEVALIER FRANÇAIS
A LONDRES,
COMÉDIE.

ACTE PREMIER.

SCENE PREMIERE.

LE CHEVALIER, BRINON.

LE CHEVALIER.

Viens donc.

BRINON, (*avec humeur.*)

Dans le sallon du Viceroi d'Irlande ?..

LE CHEVALIER.

Mons Brinon, je vous tiens. Bref; il faut qu'on m'entende.

A

BRINON.

Entendez-moi vous-même, & daignez pardonner
Au droit que j'eus jadis de vous moriginer ,
Les obfervations...

LE CHEVALIER.

Obferve au moins très-vîte.

BRINON.

Vous me fcandalifez avec votre conduite.
Depuis deux ans à Londre , avec de beaux projets ,
D'Ormond le Viceroi chez lui vous loge exprès...

LE CHEVALIER, (*l'interrompant.*)

Sa maifon me plaît fort. Adelfon, fa parente,
Fait fi bien les honneurs, elle eft fi féduifante !

BRINON.

Enfin, vous voilà pris ! Après tous vos fuccès ,
Une Angloife, morbleu, fait damner un Français !
Les femmes font , Monfieur , par le Ciel protégées ;
Voilà qu'on vous défole, & les voilà vengées.

LE CHEVALIER.

Vous m'impatientez , je vous en avertis :
Çà, vos gaîtés à part , appliquez vos efprits.

BRINON.

Hé bien , où voulez-vous en venir ?

LE CHEVALIER.

Je m'explique :
Que tout foit , pour ce foir , brillant & magnifique.

BRINON.

Oui, mais pour tout cela, moi, j'ai besoin d'argent.

LE CHEVALIER.

Soyez très-attentif, soyez très-diligent,
Et prodigue, il le faut.

BRINON.

De l'argent.

LE CHEVALIER.

Le temps presse.
Chant, spectacle, artifice, & jeux d   toute espece.

BRINON.

De l'argent...

LE CHEVALIER.

Ah! parbleu, ces tons-là sont nouveaux.
Voilà, Monsieur Brinon, de fort mauvais propos.

BRINON.

Rochester dit par-tout que, ces trois nuits dernieres,
Vous avez, en jouant, abîmé vos affaires;
Que vous êtes à sec. Ces rumeurs, j'en réponds,
Vont causer de l'ombrage à nos donneurs de fonds.

LE CHEVALIER.

Il ne sait ce qu'il dit.

BRINON.

Le bruit se communique.
Franchement, ce Milord est diablement caustique.
Je ne suis pas surpris que l'ordre de la Cour
Enferme tous les mois son esprit dans la tour.
Il vous peint tous d'un air qui ne vous fait pas rire;

A ij

Et de nous à préſent , comme il s'en va médire !
Car Miſs lui conviendroit.

LE CHEVALIER.

         J'en ai toujours douté ;
Il s'attache à ſes pas par contrariété.
Il croit m'inquiéter en ſe fixant près d'elle.
N'a-t-il pas feint déjà d'être amoureux de Stéele ?
Il voit mes ſoins pour Miſs, il vient ſe propoſer ;
Et , ſans amour pour elle , il voudroit l'épouſer !

B R I N O N.

Et c'eſt ce qu'il fera. Ciel ! Rocheſter lui-même !
Je décampe.

LE CHEVALIER.

Songez...

B R I N O N.

        Ma frayeur eſt extrême.
Chut !.. s'il alloit, Monſieur, me prendre en grippe ?

LE CHEVALIER, (*en riant.*)

             Eh ! non.
Soyez ſûr que Milord épargnera Brinon.

 (*Le Chevalier court après Brinon , & lui donne encore*
  quelques ordres au fond du Théâtre.)

SCENE II.

ROCHESTER, LE CHEVALIER.

ROCHESTER.

(à part.)

Il faut qu'abſolument des deux j'en épouſe une.
Vexons le Chevalier, & troublons ſa fortune.
Je veux, ſi je le puis, le jouer à ſon tour.
J'ai ce caprice en tête... en attendant l'amour.
  (appercevant le Chevalier.)
C'eſt vous que je cherchois.

LE CHEVALIER.

        J'en ſuis vraiment fort aiſe.

(à part.)
Forçons-le à s'expliquer.

ROCHESTER.

        Quelque choſe vous peſe
De vos malheurs au jeu vous n'êtes pas remis,
Auſſi vous faites plus qu'il ne vous eſt permis.
Eh ! qu'en arrive-t-il ? beaucoup d'inquiétudes
On finit par l'humeur, & par la ſolitude.

LE CHEVALIER.

Je veux être & je ſuis comme il me ſemble
  (en riant.)
Gagnez-moi mon argent, mais quittez

ROCHESTER.

Sais-je si jusques-là je pourrai me contraindre?

LE CHEVALIER.

De vous, si je voulois, j'aurois fort à me plaindre.

ROCHESTER.

De moi! par quel motif?

LE CHEVALIER.

Sans en être amoureux ,
Vous poursuivez, dit-on, l'objet à qui j'en veux ?

ROCHESTER.

Chevalier , l'apostrophe est un tant soit peu vive.
Eh! quel objet encor dit-on que je poursuive ?
Seroit-ce la Stuard, si naïve en ses mœurs,
Qui, d'un air enfantin, fait si bien des noirceurs?
C'est peut-être la Blarck, au graces minaudieres,
A l'œil tendre & voilé sous ses longues paupieres,
Qui, servant à couvrir des regards très-parlans,
Semblent s'humilier devant ses dix Amans ;
Ou Castelmaine enfin , qui, toujours plus hardie,
Se donne, à cinquante ans, les airs d'une étourdie,
Et ne distingue pas, tant son œil est distrait ,
Le visage qu'elle a de celui qu'elle avoit.

LE CHEVALIER.

Eh! non ; mais Adelson.

ROCHESTER, (*observant le Chevalier.*)

Oh !.. je cede & j'admire ;
Elle seule pouvoit désarmer la satyre.
Sa grace...

LE CHEVALIER, (*l'interrompant.*)

Eh ! dites donc qu'elle a mille vertus ;
Qu'en l'adorant, Monsieur, on l'estime encor plus ;
Qu'en elle on voit briller cette heureuse saillie,
Cet enjouement que j'aime & qui me contrarie ;
Qu'elle touche à cet âge où l'on s'apperçoit mieux
Qu'on a pour quelque chose un sourire & des yeux,
Et que l'esprit enfin le plus fait pour séduire,
Envieroit chaque mot que le cœur lui fait dire.

ROCHESTER.

J'en conviens avec vous ; oui, vous avez raison :
Aussi pensai-je à Miss, qui ne m'a pas dit non.
Le Viceroi consent ; Miss est jeune, elle est belle ;
Par l'attrait du plaisir, la Cour iroit chez elle ;
Et, grace à son crédit, m'assurant du repos,
Je pourrois m'égayer sur mille originaux !..
Par exemple, quel mal de faire un peu justice
D'un Arlington sur-tout, qui, né pour mon supplice,
Sous le grave appareil d'un silence apprêté,
Enferme ses projets moins que sa nullité ;
D'un Duc de Buckingham, qui, ne pensant qu'à peine,
Fait des contes le soir pour endormir la Reine ;
De tant de Courtisans, tant de Lords désœuvrés,
Ivres de politique, ou d'ennui dévorés ?
L'ambition, le jeu, même une autre espérance,
En leur cachant le piége, aideroient ma vengeance.
D'eux-mêmes ils viendroient se livrer à mes traits :
Je les peindrois bien mieux, les voyant de plus près ;

Et , comme nos Seigneurs ont une fort bonne ame ,
Ils me pardonneroient en faveur de ma femme.

LE CHEVALIER.

Oh ! treve , s'il vous plaît à des vœux si brillans.
Je ne suis pas tenté d'applaudir à vos plans.
L'aveu du Viceroi ne vous servira guere ,
Et Miss fera le choix qu'il lui plaira de faire.
Maîtresse de ses biens , elle l'est de son cœur ,
Et vos prétentions redoublent mon ardeur.

ROCHESTER.

Vous épouseriez ? Vous !

LE CHEVALIER.

Oui , Monsieur , oui , moi-même.
Par cette extrémité , jugez si mon cœur aime !
Je veux pour Adelson , qui vaut tout à mes yeux ,
Me présenter enfin sur un pied sérieux ,
Soupirer , comme un autre , une fois en ma vie.

ROCHESTER.

L'effort est violent... & cette jeune amie
Qu'elle vient d'amener ?.. Les bruits m'avoient trompé ,
D'elle je vous croyois maintenant occupé.
L'hymen dût-il s'ensuivre , elle est digne qu'on l'aime ,
C'étoit un choix sensé : j'avois arrangé même
Que Stéele avoit sur vous quelques tendres desseins ,
Et par bon procédé j'abandonnois les miens.

LE CHEVALIER, (*d'un ton vif & piqué.*)

Par procédé ?.. Je suis touché d'un si beau zele ;
Il est très-franc sur-tout.

SCENE III.

MISS ADELSON, LES MÊMES.

MISS, (*accourant.*)

(*à Rochester.*)
Vous n'avez point vu Stéele?
(*au Chevalier.*)
Quelle humeur est la vôtre ?

ROCHESTER.

Il a l'esprit troublé
Je voulois le calmer, & je l'ai désolé.

MISS.

D'Ormond auroit, Milord, quelque cho
ROCHESTER.

Dans son ame, en ce cas, sans moi
Je vais trouver d'Ormond, pou
Qu'il daigne en ma faveur vou

SCENE IV.

MISS ADELSON, LE CHEVALIER.

MISS, (*avec enjouement & légereté.*)

La converfation étoit bien animée.
L'efprit de Rochefter paffe fa renommée :
Il eft de bon confeil, & vous feriez très-bien...

LE CHEVALIER.

Je le difpenfe, moi, de me confeiller rien.

MISS.

Que difoit-il ?

LE CHEVALIER.

Souffrez...

MISS.

A propos, quand j'y penfe,
Eft-ce que j'ai des droits à votre confidence ?
Il faut être prudent. Gardez tous vos fecrets ;
A peine auriez-vous dit, que moi je redirois,
Par gaîté, par oubli, peut-être par malice.
Vive la défiance.

LE CHEVALIER.

Allons... autre injuftice!..
Eh bien! Madame, eh bien! Rochefter me difoit
Qu'il vous trouve charmante, & qu'il vous époufoit.
Le Viceroi confent.

MISS.

Heureuse découverte !

LE CHEVALIER.

Oui, ce cruel parent conspire aussi ma perte.

MISS.

Songez...

LE CHEVALIER.

Quand tout m'accable, au moins permettez-vous

Que je sois à mon gré furieux & jaloux ?

MISS.

Oh ! de vous tourmenter vous êtes fort le maître.

LE CHEVALIER.

Quoi ! vous épouseriez ce froid Milord ?

MISS.

Peut-être.

LE CHEVALIER.

Peut-être est rassurant.

MISS.

Moi, j'aime Rochester.

LE CHEVALIER.

Oh ! puisqu'il me déplaît, il doit vous être cher.

MISS.

Comment ? en doutiez-vous ?

LE CHEVALIER.

Eh ! non, non, tout m'éclaire.

Courage ! abusez bien d'un amour trop sincere.

Pour la premiere fois que je m'étois fixé,

Mon cœur de tous ses soins est bien récompensé !

Les femmes ! c'en eſt fait, perdant juſqu'à mes doutes,
A votre intention, je les trahirai toutes.

M I S S.

Le projet eſt galant !

LE CHEVALIER.
Vous l'approuvez ?
M I S S.

Qui ? Moi ?

Eſt-ce que je prétends vous impoſer la loi ?
De l'eſſor, Chevalier, reprenez vos caprices,
Vos airs déterminés, vos heureux artifices.

LE CHEVALIER, (avec impatience.)

Vous avez donc un cœur qu'on ne peut déſarmer ;
Vous avez donc un cœur incapable d'aimer ?
Les tranſports de l'amour, ou ſa délicateſſe,
Vous n'appercevez rien, rien ne vous intéreſſe :
Indifférente ou folle, on vous voit exceller
Dans le talent de plaire, & l'art de déſoler.
C'eſt moi qui tourmentois, & c'eſt moi qu'on tourmente.
Votre ame eſt libre : eh bien ! la mienne eſt dépendante.
Je l'entends toujours dire, & vous m'y confirmez,
Ce ſont les plus trompeurs qui ſont les plus aimés.

M I S S.

A ce titre, je crois que vous devriez l'être.

LE CHEVALIER.

Vous m'avez converti, je m'en repens peut-être.
Enfin le mal eſt fait, félicitez-vous bien.

Vous facrifier tout , ne réuffir à rien ,
C'eſt ma vocation : riez... elle eſt nouvelle.

MISS.

La fête de ce foir, il faut qu'elle foit belle ;
Je ne puis m'empêcher de fonger à cela ,
Et le jour, ce me femble , eſt bien long d'ici là.

LE CHEVALIER.

Mifs , infenfible Mifs , daignerez-vous m'entendre ?
Sérieufe une fois, voudrez-vous bien comprendre
Qu'en vous idolâtrant, mon cœur eſt fans détour,
Que je meurs à vos pieds de dépit & d'amour ;
Que j'ai des mœurs enfin ! car tel eſt votre ouvrage,
Que je fuis bien furpris de me trouver fi fage ;
Que je ne puis fouffrir votre fécurité ,
Ce fourire odieux... dont je fuis enchanté ,
Et que votre fecret d'être toujours aimable ,
Eſt un maudit fecret qui m'eſt infupportable.
Dans le trouble où je fuis, dans les foucis que j'ai ,
Donnez-moi de l'efpoir, ou du moins mon congé.

MISS.

Ni l'un , ni l'autre.

LE CHEVALIER.

(en riant.)

Eh bien !.. que vous êtes cruelle !
Le moyen qu'avec vous on ne foit pas fidele !..

MISS.

Ce malheur...

LE CHEVALIER.

Durera , car il peut me venger ;
Et je ferai conſtant...

MISS, (*très-gaîment.*)
Pour me faire enrager.

LE CHEVALIER.

J'en aurai le plaisir. Ah ! bon , c'est Ladi Stéele.
(*avec dépit.*)
Je vous en félicite , & vous laisse avec elle.   (*Il sort.*)

—————————————————

SCENE V.

MISS ADELSON, LADI STÉELE.

MISS.

Que je vous sais bon gré de cet air satisfait !
C'est qu'il vous sied si bien ! Ainsi Londres vous plaît ?
Nos fêtes , nos plaisirs ont passé votre attente ?
Oui , je lis dans vos yeux que votre ame est contente.

LADI.

Oh! je suis d'une joie & d'un ravissement!..
Londres , je vous l'avoue, est un séjour charmant.
Chaque objet à la fois m'intéresse & m'étonne;
Un autre esprit m'anime , un autre air m'environne.
Ici tout est riant, & la Ville & la Cour.
Sans trop m'effaroucher, j'entends parler d'amour.

MISS.

N'est-ce pas?

LADI.

Vous m'allez trouver bien ridicule :

Mais il faut que pourtant je vous dife un fcrupule.
J'accourois pour cela.

M I S S.

Quoi ?

L A D I.

Par quelle raifon

Dois-je taire en ces lieux mon état & mon nom ?

M I S S, (*en riant.*)

Mais...

L A D I.

La pofition me paroît affez neuve.

M I S S, (*toujours gaíment.*)

Bon.

L A D I.

Je fuis mariée, & vous m'avez fait veuve.

M I S S.

Avouez ; dans vos champs, vous périffiez d'ennui.

L A D I.

Ah ! c'eft affez l'ufage auprès d'un vieux mari.
J'aime le mien pourtant, c'eft un homme eftimable :
Mais un Sage, entre nous, n'eft jamais bien aimable.
Celui-ci, tout le jour le nez fur du latin,
Se couche de bonne heure, & fe leve matin.
Il s'occupe à préfent d'un projet qui l'enchante ;
Il le doit envoyer, & veut qu'on le préfente.

M I S S.

Hé bien, ai-je grand tort de vous garder ici ?
Chacun a fes projets.

LADI.

Le vôtre?

MISS.

Le voici.
Quand on aime les gens, quoi que l'envie en dife,
Il n'eft rien, convenez, dont le cœur ne s'avife.
Votre grave Halifax eft, foit dit entre nous,
A ce que j'ai pu voir, un mari très-jaloux,
Et fur le moindre bruit qu'ici vous pourriez faire,
Sans rien examiner, dans fon humeur févere,
Il vous rappelleroit. Adieu l'enchantement,
Et ces larcins heureux de quelque bon moment,
Il faudroit nous quitter : mais, comme Ladi Stéele,
Impunément au moins vous pouvez être belle.
Ces motifs font pour vous ; j'en ai d'autres pour moi,
Car encor faut-il bien un peu fonger à foi.
Oubliez quelques mois vos nœuds infupportables ;
Laiffez, laiffez venir nos Lords, nos agréables ;
   (*avec la plus grande gaîté.*)
Et fi de quelqu'Amant le langage eft trop doux,
Nous faurons au befoin reffufciter l'époux.

LADI.

Oh ! je vois qu'à vous feule il faut que je me fie.
Quelle aimable gaîté ! combien je vous envie !
Elle peint l'innocence & le calme du cœur.

MISS.

Ce ... chere amie, eft fouvent bien trompeur.

                    LADI.

LADI.

Qu'entends-je ? Pourfuivez ; vous pouvez tout me dire.

MISS.

Et moi-même de tout je voudrois vous inftruire.

LADI.

Eh bien !

MISS.

Que diriez-vous fi, fous cet enjouement,
Je vous cachois l'effroi qui naît d'un fentiment ;
Si, ne pouvant dompter un penchant qu'on doit taire,
J'avois l'ame captive avec l'air volontaire ;
Si d'un charme inconnu je me fentois troubler ;
Si mes pleurs quelquefois étoient prêtes à couler ?

LADI.

Quel eft donc ce mortel, auteur de vos alarmes ?
Quoi! peut-on vous connoître & vous coûter des larmes ?

MISS.

La moitié de l'aveu vous dit tout mon fecret.
Parler de mon amour, c'eft en nommer l'objet.

LADI.

Le Chevalier ?

MISS.

Quel autre auroit pu me féduire ?

LADI.

Et quelle autre que vous a fur lui plus d'empire ?
A tout il vous préfere, il le paroît du moins.

MISS.

Mon amour, fans y croire, eft flatté de fes foins.

B

Vous ne connoiffez pas, ma chere Ladi Stéele,
L'homme le plus aimable & le plus infidele.
Il préféra toujours, dans le fond de fon cœur,
Quelques inftans d'ivreffe à des jours de bonheur.
Perdant celui qu'il a pour celui qu'il fouhaite,
Il brife en fe jouant l'idole qu'il s'eft faite ;
Et dans fes goûts légers, ne cherchant que l'éclat,
S'applaudit d'être aimé, dans l'efpoir d'être ingrat.
D'ailleurs, plein d'agrément, d'efprit & de courage.

LADI, (très-gaîment.)

Il ne lui manque rien que d'être un peu plus fage.

MISS.

Tout dangereux qu'il eft, fe faifant adorer,
Il enchante l'objet qu'il va défefpérer.
Jugez de mes efforts, jugez de mon martyre,
Lorfqu'en fecret je tremble & me condamne à rire ;
Lorfqu'en fecret, livrée à des vœux pleins d'ardeur,
J'affecte devant lui le calme & la froideur !
Combien eft-il vengé ! Cette gêne éternelle
Rend ma flamme plus vive, & la rend plus cruelle.
Au printems de mes jours, j'ai peu de jours fereins ;
Je combats & gémis, je defire & je crains.
Ses prodigalités ont détruit fa fortune,
Et la mienne fans lui me feroit importune.
Quel bonheur de lui plaire & de lui tout donner !
C'eft un de ces mortels qu'on voudroit couronner.
Qu'il foit moins riche encor, & qu'il foit moins volage,
Maltraité par le fort, il me plaît davantage.

Je ferai trop heureufe en de fi beaux liens :
Son cœur eft un tréfor qui vaut feul tous les miens.

LADI.

Il eft à vous.

MISS.

J'en doute.

LADI.

Et moi, j'en fuis très-sûre.
Il aura de fes goûts reconnu l'impofture.
Jufqu'ici, je le vois, il eut l'art de charmer ;
Il apprendra de vous comment il faut aimer.

MISS, (après avoir regardé de tous côtés.)
On pourroit employer un léger artifice.
Soyez ma confidente & foyez ma complice.

LADI.

Difpofez de mes foins, de mon zele ; ordonnez.

MISS.

Dites-moi bien avant que vous me pardonnez...
Je veux de ce volage éprouver la tendreffe,
Et c'eft pour cela même à vous que je m'adreffe.

LADI.

A moi ? Voyons.

MISS.

Je crains.

LADI.

Vous n'avez qu'à parler.
Hé bien donc, avec lui qu'aurois-je à démêler ?

M I S S.

Hé bien, pour raſſurer une Amante inquiete,
Faites-vous avec lui l'effort d'être coquette :
D'éloges détournés femez votre entretien,
Rifquez de ces aveux qui n'engagent à rien ;
Hazardez-vous enfin autant qu'on peut le faire,
Sans trop enorgueillir un efpoir téméraire.
S'il réſiſte, il fuffit : alors votre beauté
Deviendra le garant de ma tranquillité.

L A D I.

Ah ! j'y fuis ; & voilà le fecret du veuvage.

M I S S, (*en riant.*)

Ladi...

L A D I.

Convenez-en, ceci veut du courage.
Le pas... eſt périlleux... Mais quoiqu'humilié,
Mon orgueil fe taira, vaincu par l'amitié.
(*à Miſs, qui rêve.*)
Qu'avez-vous donc encor ?

M I S S.

Ciel ! ſi, plus vain que tendre,
Il tombe dans le piége où l'on veut le furprendre !
Mais ne m'épargnez pas, dites tout ce qu'il faut.
Hélas ! je meurs de peur qu'il ne vous prenne au mot.

L A D I.

Rien de fait ; nous pouvons révoquer l'entreprife.

M I S S.

Ladi, je vous regarde, & la crainte eſt permife.

L A D I.

La crainte ? Ecoutez donc , fi votre Chevalier...
Avec ces terreurs-là, vous m'allez effrayer...
On vient : c'eft lui peut-être.

M I S S.

O mon aimable amie !
C'eft pour le juger mieux que je vous ai choifie.
Puiffé-je après fans crainte adorer mon Amant !
Reprenons un dehors que tout mon cœur dément.

S C E N E VI.

Les mêmes, LE CHEVALIER.

LE CHEVALIER.

Mesdames, pardonnez fi je reviens fi vîte.
D'une commiflion il faut que je m'acquitte.
J'ai trouvé chez le Roi le Miniftre Arlington,
Plus digne que jamais, & , comme de raifon,
Très-penfif ; de l'Etat pefant la deftinée,
Il doit venir , dit-il, vous voir dans la journée.

M I S S.

(à Ladi.)
Oh ! qu'il vienne , il le peut. C'eft encore un Amant.

LE CHEVALIER.

Arlington !

M I S S.

Veut ma main.

B iij

LE CHEVALIER, (*avec un dépit contraint.*)
Lui ? Rien n'eft fi plaifant.
MISS.

Ni plus vrai.
LADI, (*à Mifs à part.*)
Jouiffez de fon humeur jaloufe.
LE CHEVALIER.

Rochefter, Arlington... qui des deux vous époufe ?
LADI, (*à Mifs.*)

Et quel homme eft-ce ?
LE CHEVALIER, (*très-vivement..*)
Un fot, fans le moindre talent,

Bête quand il fe tait, mais plus bête en parlant.
MISS.

Oui ; mais pour fes deffeins ne manquant pas d'adreffe.
La Cour à notre hymen tout de bon s'intéreffe.
LADI.

Je dis plus : il fe peut (& pour lors qu'oppofer ?)
Que le Gouvernement vous force à l'époufer.
LE CHEVALIER.

Oh ! cet hymen fans doute importe à l'Angleterre.
MISS.

Qu'avez-vous, Chevalier ? La mine prefqu'auftere.
Je le vois, il me boude, il eft trifte aujourd'hui ;
Et pour le confoler, je vous laiffe avec lui.

(*Elles fe font des fignes.*)

SCENE VII.

LADI STÉELE, LE CHEVALIER.

LADI, (*à part.*)

Pour cet entretien-là, comment vais-je m'y prendre ?
Il faut un air coquet, & non pas un air tendre.
N'allons pas m'embrouiller.

LE CHEVALIER.

Ladi voudroit rêver ?

LADI.

(*à part.*)

Moi, point du tout : Ladi voudroit... vous éprouver ;
Reste à savoir comment.

LE CHEVALIER (*d'un ton galant & gai.*)

Pour moi, je suis moins dupe :
J'oublie en vous voyant le souci qui m'occupe.
Tous les jours, où dans l'ombre ont langui vos attraits,
Sont autant de larcins qu'à ces lieux on a faits.
Vous nous apparteniez ; nos titres font vos charmes.
La beauté regne ici, le goût lui rend les armes ;
Et vous pouvez choisir ce qui vous plaît le mieux,
Du plus aimable Amant, ou du plus amoureux.
Voyez, un bon caprice.

LADI.

(*à part.*)

Un caprice ! ah ! le traître !

B ij

Il est encourageant plus qu'il ne devroit l'être.

(*haut.*)

Eh ! que diriez-vous, si...

LE CHEVALIER, (*se rapprochant.*)

Quoi ? Parlez... entre nous...

LADI, (*en lui jettant des demi-regards.*)

Si l'on m'avoit réduite à ne rêver qu'à vous ?

(*à part.*)

L'affaire est engagée.

LE CHEVALIER, (*d'un air triomphant.*)

A moi ! puis-je le croire ?

Un tel aveu, Ladi, met le comble à ma gloire.

LADI.

Je songeois à quel point Miss vous a subjugué.

Vraiment... de ce soin-là j'ai l'esprit intrigué.

LE CHEVALIER.

Eh ! songez-vous aussi combien Miss est charmante ?

LADI.

Oui... c'est l'être à vos yeux, que d'être indifférente.

LE CHEVALIER.

Indifférente !..

LADI.

Eh mais...

LE CHEVALIER, (*très-vivement.*)

Sauriez-vous ?.. Quel soupçon !

LADI, (*à part.*)

Assez bien jusqu'ici : voyons s'il tiendra bon.

LE CHEVALIER.
Vous conviendrez au moins que j'ai pu m'y méprendre.
Chaque regard de Miſs annonce un cœur ſi tendre !

LADI.
Vous croyez au regard ?

LE CHEVALIER.
Au ſien.

LADI.
Il peut tromper.

LE CHEVALIER.
Miſs !..

LADI, (*avec une impatience gaie.*)
Voudrez-vous enfin de moi vous occuper ?

LE CHEVALIER, (*ſe rapprochant toujours.*)
Comment, je m'en occupe & commence à comprendre.

LADI, (*en riant.*)
Non. Je doute, entre nous, que vous puiſſiez m'entendre.

LE CHEVALIER.
J'entends vîte pourtant. A force d'exercer,
Je...

LADI.
Vous prenez un ton qui va m'embarraſſer.
Vous êtes ſi conſtant, & moi ſi peu coquette !

LE CHEVALIER.
Ah ! c'eſt ce talent-là que votre cœur regrette ?

LADI, (*en riant.*)
Vous ne devinez pas, non.

LE CHEVALIER.

Je fais plus ; je voi.

Mifs vous aura fait part de fa haine pour moi ;
Vous me la confiez, & ma flamme trahie...
Mais comment vous offrir une ame affujettie ?

(*du ton le plus galant.*)

Sans cela, de vous plaire uniquement jaloux,
Pourrois-je rien aimer de plus charmant que vous ?

LADI.

(*à part.*)

Hai... Cette phrafe-là devient inquiétante.
Je crains...

LE CHEVALIER, (*à part.*)

L'occafion eft pourtant bien tentante !

LADI.

Parlez haut, s'il vous plaît.

LE CHEVALIER.

Qui peut donc vous troubler ?

C'eft de vous feule ici qu'il faudroit vous parler.
J'en ai le droit ; je fens... Pardonnez ; la cruelle
Combat jufqu'au dépit qui peut me venger d'elle.
Je me mutine en vain contre fon afcendant ;
Elle en devient plus gaie, & j'en fuis plus ardent.
Son caprice fouvent me pique & m'humilie ;
Sa grace me ramene, & nous réconcilie :
Je l'adore & la hais ; je m'éloigne & reviens ;
Je trouve un charme unique à tous fes entretiens.

Courroux, froideur, caprice, à tout je me réfigne.
L'inconftance m'a plu, mais je n'en fuis plus digne ;
Et je l'avoue enfin à ma confufion,
Mon malheur me condamne à n'aimer qu'Adelfon.

LADI, (à part & en riant.)

Je crois qu'affurément j'en fuis pour mes avances.
  (haut.)
Le plaifant tête-à-tête ! il eft fans conféquences,
Je vous en avertis ; oui, Monfieur, apprenez
Qu'on vous en veut bien moins que vous n'imaginez.

(Elle fort.)

SCENE VIII.

LE CHEVALIER, (feul.)

L'OBJET le plus piquant me tombe à l'improvifte ;
On m'attaque, on s'explique, & c'eft moi qui réfifte !
Hé bien, l'exemple eft rare. Adelfon à fon gré,
Vous a fait, Chevalier, un cœur très-timoré.
D'honneur, j'en fuis honteux : de moi que dira Stéele ?
Il falloit feindre au moins d'oublier Mifs pour elle.
Mon innocence a craint de hazarder cela.
C'eft le Ciel qui vouloit m'offrir ce moyen-là.
Où donc ai-je eu l'efprit ! Oh ! treve à ces fcrupules,
Qui ne font bons à rien, & qui font ridicules.
Trompons, puifqu'il le faut, c'eft-là le grand fecret.
Eft-ce ma faute à moi, fi c'eft par-là qu'on plaît ?

Mifs fe vante & jouit de fon indifférence ;
Moi, par Rochefter même affurons ma vengeance.
Oui, que de Stéele enfin il me croie amoureux,
Et qu'en voulant leur nuire il feconde mes feux !
Je veux dans mes projets, moins timide & plus ftable,
Lui confiant le faux, qu'il ferve au véritable.
Ah ! lorfqu'on n'obtient pas un facile retour,
La rufe qui fait vaincre eft permife à l'amour.

Fin du premier Acte.

ACTE II.

SCENE PREMIERE.

MISS ᴇᴛ LADI.

MISS.

Jusques à ce moment, d'oisifs environnée,
Captive dans un cercle, & très-importunée,
Je n'ai pu vous rejoindre, & vous vous doutez bien ;
Que, répondant à tout, je n'étois plus à rien.
Voici l'inſtant fatal : à quoi faut-il m'attendre ?
Quel eſt mon ſort ? Je crains & brûle de l'apprendre.

LADI, (*affectant un air conſterné.*)
Ma chere Miſs !

MISS.
Ah ! Dieu !

LADI.
Le doute bien ſouvent
Epargne des chagrins , & je n'oſe...

MISS.
Comment ?
Vous vous taiſez en vain... je vous entends, cruelle !
Il ne tiendroit qu'à vous de le rendre infidele.

LADI, (*avec la plus grande vivacité.*)

Non, livrez-vous fans crainte au penchant qui vous plaît ;
La rufe a réufli , le triomphe eft complet.
Les piéges , les affauts de ma coquetterie
Ont échoué tout net... Oh ! fans plaifanterie,
   (*en riant.*)
Le Chevalier vous aime avec une rigueur !..
A toute autre que vous il a fermé fon cœur.

MISS, (*riant.*)

Ne me trompez-vous point ?

L A D I.

       Bon ! il falloit l'entendre.

M I S S.

Oui ?

L A D I.

    C'eft en homme épris qu'il a fu fe défendre ;
Et l'épreuve un peu folle où j'ofai m'engager ,
N'a pas mis une fois fa conftance en danger.
Quel homme inacceffible !

M I S S.

      Ah ! que je vous embraffe !
Avouez qu'on n'a point plus d'efprit, plus de grace ?

L A D I.

Plus de fidélité ?

M I S S.

    Pour cacher le projet,
Vous avez employé l'adreffe qu'il falloit ?

L A D I.

L'adreſſe ! l'inſtinct ſeul nous apprend à ſéduire ;
D'après la circonſtance il a ſu tout conduire.

M I S S.

Il falloit hazarder des regards.

L A D I.

Je l'ai fait.

M I S S.

Et de ces petits mots qui font un grand effet...

L A D I.

Oh ! pour les petits mots, j'en ai dit plus de mille.

M I S S.

Eh bien ?

L A D I.

Toujours farouche & toujours indocile.

M I S S.

Il falloit lui montrer le plus tendre intérêt,
Peindre dans vos diſcours un déſordre ſecret...

L A D I.

Il falloit, il falloit... treve à vos exigeances :
Vous me meneriez loin avec mes complaiſances.

M I S S.

Tenez, je m'en doutois, & je l'aurois gagé,
Avec ces craintes-là, vous l'aurez ménagé.

L A D I.

Pareille incertitude eſt trop inſupportable :
On eſt plus confiante alors qu'on eſt aimable.

On aime , on fe raffure , on ne fait point d'effais ,
Sur-tout pour n'y pas croire après les avoir faits.

M I S S.

Hé bien , j'y crois ; pardon. A vous je m'abandonne.

L A D I.

Quand tout doit vous calmer , votre frayeur m'étonne.

M I S S.

Il ne vous a rien dit qui...

L A D I.

Rien abfolument ,
Si ce n'eft quelque injure.

M I S S.

Allons , il eft charmant.

L A D I.

Je vous fuis obligée.

MISS, (*dans l'ivreffe de la joie.*)

Et moi donc , je vous jure...

L A D I.

Paix : voici Rochefter , plongé dans la lecture.

(*On apperçoit Rochefter , un papier à la main ; Mifs*
& Ladi fe retirent fur un des côtés du Théâtre ;
Rochefter approche fans faire femblant de les voir.)

SCENE

SCENE II.

MISS, LADI, ROCHESTER.

ROCHESTER, (*à part.*)

Ma très-aimable Miſs, votre eſprit ſi diſcret
Devoit au Viceroi cacher votre ſecret.
Il m'a dit le vrai nom de votre Ladi Stéele,
Et, ſa dupe un moment, je veux me venger d'elle.
(*en riant.*)
Ah ! Madame Halifax !

MISS.

Eh quoi ! c'eſt vous, Milord ?

ROCHESTER, (*en jouant la ſurpriſe.*)
Meſdames !

MISS.

Qui peut donc vous occuper ſi fort ?

ROCHESTER.

Moi ? Le projet plaiſant d'un fou mélancolique,
Philoſophe des champs, & bavard très-comique.

LADI, (*du ton le plus gai.*)
Ce projet ſi plaiſant, quel en eſt donc l'Auteur ?

ROCHESTER.

C'eſt Milord Halifax, très-grand Légiſlateur.

LADI.

(*à part à Miſs.*)   (*haut à Rocheſter.*)
Miſs... qu'entends-je ? Halifax eſt, dit-on, reſpectable.

C

ROCHESTER.

C'eſt un original tout-à-fait vénérable,
Qui fonde ce qu'il dit ſur ce qu'il a rêvé,
Diſpute à perdre haleine, & croit avoir prouvé.
Pour comble de raiſon, ou plutôt de folie,
Il vient de ſe pourvoir d'une Miſs très-jolie,
Qu'il a priſe pour femme, & qu'en jaloux expert,
Notre ours tient renfermée au fond de ſon déſert.
Ce travers, je le vois, a de quoi vous confondre.
Patience! un beau jour nous le tiendrons à Londre;
Et nous pourrons, pendant ſes loiſirs importans,
Près de ſa jeune épouſe employer les inſtans.

MISS, (*à Ladi.*)

Ne vous trahiſſez pas.

LADI.

Comment faire ?

MISS.

Courage.

LADI.

Mais, Milord, on prétend que ſon épouſe eſt ſage ?

ROCHESTER.

Oui, ſage !.. eût-on d'ailleurs un cœur très-aguerri,
Comment s'en faire honneur avec un tel mari ?

(*en confidence à Ladi.*)

Oh ! pareille ſageſſe eſt bien aventurée :
Elle lui revaudra ; la choſe eſt avérée,
Et déjà...

LADI, (*l'interrompant.*)

Son projet, peut-on le préfenter ?
Eft-il fait de façon qu'on le puiffe adopter ?

ROCHESTER.

Oh ! très-fait pour cela, car il eft ridicule.

LADI, (*vivement.*)

Eh bien ! chargez-vous en.

ROCHESTER.

Moi ?

LADI.

Comment ? quel fcrupule ?

ROCHESTER.

Daignez m'en difpenfer.

MISS.

Eh ! par quelle raifon ?
Je vais à fon refus en charger Arlington.

LADI, (*à Rochefter.*)

Halifax fait vraiment placer fes préférences...

ROCHESTER, (*toujours confidemment à Ladi.*)

Sa profe & fon hymen font deux extravagances.

MISS, (*à un Valet qui entre.*)

Quoi ?

C ij

SCENE IV.

LES MÊMES, UN VALET.

LE VALET.

Milord Arlington.   (*Il sort.*)

ROCHESTER, (*à Miss & à Ladi.*)

Çà, disposez-le bien,
Et vous pourrez agir d'après cet entretien.

SCENE V.

LES MÊMES, ARLINGTON, *suivi de deux Domestiques qui le soutiennent; sa parure doit être ridicule & surannée.*)

ARLINGTON, (*faisant signe à ses gens de se retirer, & s'approchant mystérieusement de Miss.*)

Avant que de partir, Miss, j'ai voulu moi-même...
Vous m'entendez ?..

MISS, (*embarrassée.*)
Mais... oui...

ROCHESTER, (*à Miss.*)
Sa prudence est extrême !

ARLINGTON, (*à Rochester.*)

Songez...

ROCHESTER.

Oh ! pas le mot : rien n'eſt plus important.

ARLINGTON.

Je ſuis *incognito.*

ROCHESTER.

Comme on eſt en partant.

ARLINGTON, (*appercevant Ladi.*)

Quel eſt ce minois-là ?

ROCHESTER.

C'eſt une découverte.

ARLINGTON.

La petite perſonne a le coup-d'œil alerte.

(*à Miſs en ſe rapprochant.*)

Vous ſentez qu'avec moi j'emporte mon amour.

LADI.

Et l'amour qui voyage eſt plus vif au retour.

ROCHESTER.

L'hymen ſuivra ?

ARLINGTON, (*ſe retournant vers Miſs, & lui prenant la main.*)

Je crois ſi bien à ſa tendreſſe,

Que je ne veux pas même exiger ſa promeſſe.

MISS.

Aſſeyez-vous, Milord ; vous paroiſſez troublé.

LADI.

Autant que je puis voir, Milord eſt eſſouſflé.

ARLINGTON.

Je le suis volontiers.

(Il s'assied ; tout le monde prend place , excepté
Rochester , qui parcourt le cercle.)

LADI.

Sans peine, on peut vous croire.

(à Miss.)
Il me lorgne.

MISS.

Tant mieux.

LADI.

Parlons-lui du mémoire.

MISS.

(à Ladi.) (à Arlington, après un silence.)
Je n'ose. Comment vont les affaires ?

ARLINGTON.

Très-bien.

(encore un silence.)

MISS.

De la Cour, à présent, que dit le Peuple ?

ARLINGTON.

Rien.

LADI.

Bon !   *(autre silence.)*

ROCHESTER, *(reprenant.)*

A-t-on de l'Ecosse assoupi les querelles ?

ARLINGTON.

J'attends les Paquebots.

ROCHESTER.

On saura les nouvelles.

(*encore un silence.*)

LADI.

Les révoltes d'Irlande ?..

ARLINGTON.

On y remédiera.

ROCHESTER.

Quant aux nouveaux impôts ?..

ARLINGTON, (*un peu déconcerté.*)

Un Bill y pourvoira.

ROCHESTER.

Sublime expédient ! La Nation conteste,
La Chambre haute opine, & le Bill fait le reste.
Vous auriez dû, Milord, pour mieux en imposer,
Vous montrer aux mutins.

ARLINGTON.

Eh ! fi donc, m'exposer !
Ne faut-il pas qu'au fort d'une crise pareille
L'Etat ait toujours là quelqu'un qui le conseille ?

ROCHESTER.

Ah ! c'est qu'en ce moment, où j'y vois tout brouillé,
J'oubliois que par vous il étoit conseillé.

(*nouveau silence.*)

MISS.

Les troubles ont gagné même les Colonies.

ARLINGTON, (*étonné.*)

Hem !

LADI, (*le tirant par sa manche.*)
Les divisions ?..

ROCHESTER.

Doivent être finies.

ARLINGTON, (*à Rochester.*)
Elle est très-familiere au moins ?

ROCHESTER.

Sans contredit.

MISS, (*poussant Ladi.*)
Curieuse à l'excès !

ARLINGTON.

Aussi n'ai-je rien dit.
Du vague, tant qu'on veut.

ROCHESTER, (*à Miss & à Ladi.*)
Cela doit vous confondre.

ARLINGTON.
Un silence expressif, & j'ai l'air de répondre.

LADI, (*à Miss.*)
Le mémoire.

MISS.
Voilà que le rire me prend.

LADI.
Moi, Miss, si vous riez, je vais en faire autant.

ROCHESTER.
Milord, votre départ fait un tort manifeste.
Où donc ?..

ARLINGTON.
Je vais aux eaux, pour emporter le reste

De mon spléen, qui ne peut durer encor long-temps,
Car, l'obstiné qu'il est, me tient depuis vingt ans.

L A D I.

Oh! ce petit mal-là n'est d'aucune importance.

A R L I N G T O N.

Il m'étrangle par fois.

L A D I.

Oui, mais sans conséquence,

Sans nulle suite.

A R L I N G T O N, (hochant la tête.)
Ah! ah!

R O C H E S T E R, (à Ladi, qui éclate.)
Qu'avez-vous donc, Ladi ?

L A D I.

Moi! c'est une vapeur.

M I S S.
Moi, c'en est une aussi...

R O C H E S T E R, (à Arlington.)
Un tour de Buckingham est ce qui les occupe.

A R L I N G T O N.
Oui dà! ce pauvre Duc est-il toujours bien dupe ?

R O C H E S T E R.
Vous le trouvez borné ?

L A D I, (recommençant à rire.)
Pardon, Milord !

M I S S, (riant de toute sa force.)
Pardon !

ARLINGTON, (*se levant.*)

Ce tour eft donc bien gai ?

LADI, (*éclatant.*)

C'eft...

MISS.

Que Milord eft bon.

(*à Arlington, & riant plus fort.*)

Faites rendre un Edit, c'eft moi qui vous en prie,
Qui défende de rire, en mourût-on d'envie.

ARLINGTON.

Je remets prudemment ma vifite à ce foir.

MISS.

On tâchera, Milord, de vous mieux recevoir.

ARLINGTON.

Je m'en flatte... entre nous, pareille extravagance...

ROCHESTER.

N'eft pas de bon augure au moment d'une abfence.

ARLINGTON.

Ce Milord Buckingham fait d'étranges effets !

(*à Rochefter.*)

Je fors... très-mécontent de leurs ris indifcrets.

SCENE VI.

MISS, LADI, ROCHESTER.

ROCHESTER.

Mesdames, j'étois prêt à quitter la partie.
Votre augufte Arlington renferme fa furie ;
Je le vois, vous avez, faufs vos autres talens,
Un merveilleux fecret pour difpofer les gens.

LADI.

Le mémoire eft bien loin.

MISS.

Nous avons ri ; qu'y faire ?

ROCHESTER, (*gaîment.*)

Solliciter ainfi n'eft pas très-ordinaire.
(*à Mifs.*)
A propos, favez-vous ?.. Tout fuccede à mes vœux ;
Me voilà raffuré fur un rival fâcheux.

MISS, (*gaîment.*)

Qui donc ?

ROCHESTER.

Le Chevalier. Grace à fon inconftance,
Il s'eft enfin laffé d'aimer fans efpérance.
(*regardant Ladi.*)
Par une autre que vous, le voilà retenu.

M I S S.

(cachant son trouble.)

Eh! mais il a bien fait... Ladi , qu'ai-je entendu?

L A D I, *(à Miss.)*

N'en croyez pas un mot; il ment.

M I S S , *(à Rochester , avec une gaîté contrainte.)*

Le nom de celle

Qui captive ses vœux?

L A D I.

Qui le rend infidele ?

R O C H E S T E R.

Souffrez qu'on soit discret sur ce chapitre-là.

L A D I.

A qui donc venez-vous débiter tout cela ?

R O C H E S T E R.

Mais à vous-même , à vous.

L A D I.

L'idée est singuliere.

A moi qui, Dieu merci, peux jurer du contraire.

M I S S , *(observant Ladi.)*

Oh! ne jurons de rien.

R O C H E S T E R.

Je vous rends des aveux

Faits dans le même instant.

M I S S , *(à part.)*

Ciel !

R O C H E S T E R.

Par lui , sous mes yeux.

Il m'a même prié, conjuré de lui faire
Une efpece d'Eclogue, où l'ombre du myftere
Ingénieufement déguife fes amours,
Et voile des fecrets qu'on devine toujours.
Quant à fa belle, elle a, fi je fais m'y connoître,
Un faux air très-piquant d'innocence champêtre...

LADI, (à part.)

Ce cruel Rochefter brouillera tout ici.

(haut à Rochefter.)

Çà, voyons : parlez net, je l'exige.

ROCHESTER.

Voici

Ce Héros, ce Vainqueur fameux par fa conftance !

LADI, (à Mifs en riant.)

Mon orgueil eft piqué, je dois fuir fa préfence.

ROCHESTER.

Comme il eft triomphant !

LADI.

Comme il a l'air ferein !

(à Mifs.) (à Rochefter.)
Adieu... Milord me fuit ?

MISS, (à Rochefter, avec impatience.)

Mais donnez donc la main.

(Rochefter héfite, regarde Mifs & le Chevalier, va
retrouver Ladi, & fort avec elle.)

SCENE VII.

MISS, LE CHEVALIER.

MISS, (*affectant l'air le plus enjoué.*)

A LA fin, vous voilà comme il faut toujours être.
Ce changement foudain, quels motifs l'ont fait naître?

LE CHEVALIER, (*d'un air libre & ferein.*)

Et les réflexions, & les événemens,
En un jour quelquefois changent les fentimens.
Je reviens de la Cour; elle étoit fort brillante.
Un concours de beautés, une pompe galante.
Le Roi viendra ce foir; j'aurai bien des jaloux!
L'appareil eft pour lui, mais la fête eft pour vous.
(*après un moment de filence.*)
On a beaucoup parlé de votre jeune amie;
Tout le monde s'accorde à la trouver jolie.

MISS, (*l'obfervant.*)

Excepté vous?

LE CHEVALIER.

Pourquoi?.. Sur fon air, fes appas,
En vérité, j'ai cru qu'on ne finiroit pas.

MISS, (*gaîment.*)

Hé bien, vous auriez dû, ne fût-ce que par zèle,
Placer là votre mot.

LE CHEVALIER.

Comment ? M'occuper d'elle ?
Vous l'auriez defiré ?..

MISS.

Moi ? Beaucoup, j'en conviens.
Ses triomphes, Monfieur, font devenus les miens.
Voyez ; c'eft dans mon fexe un courage exemplaire !
Mais vous, de vos froideurs quel eft donc le myftere ?
Quoi ! de tant d'agrémens être fi peu touché !
Je fouffre de vous voir un air fi détaché.
J'aurois cru que Ladi, belle, à la fleur de l'âge,
Citée avec éclat, vous plairoit davantage.
N'acceptant pas vos vœux, j'aimerois fort, je croi,
A vous favoir heureux... par une autre que moi...
Là, confultez-vous bien ; peut-être que votre ame
Renferme, à votre infçu, quelque naiffante flâme,
Qui, pour peu qu'on l'aidât, eft prête d'éclater,
Et dont, pour me punir, vous pourriez profiter.

LE CHEVALIER.

Et fi j'en profitois, vous en feriez ravie.
Rien n'eft plus généreux, je vous en remercie.

MISS.

Ne pouvant vous aimer, il eft jufte qu'au moins
De la tendre amitié je vous offre les foins.

LE CHEVALIER.

De l'amitié ? C'eft-là le prix qu'on me deftine ?
Il faut donc que fur Stéele à fond je m'examine.
Vous m'y faites penfer... En effet, que fait-on ?..

Je vais plus que jamais y faire attention.
Ce font de ces minois fur qui l'œil fe repofe.
On eft toujours furpris d'y trouver quelque chofe
Que l'on n'avoit pas vu, qu'on aime malgré foi :
C'eft ce charme qui pique, on ne fait pas pourquoi ;
Ce...

MISS.

Continuez donc.

LE CHEVALIER.

Si telle eft votre envie...

MISS, (*avec plus de gaîté encore.*)

Ah! fi vous attendez que je vous contrarie ,
Votre efpoir eft trompé ; vous prévenez mes vœux :
Vous l'entendre louer eft tout ce que j'en veux.

LE CHEVALIER.

Hé bien , foyez contente ; on peut vous fatisfaire,
Et même, avec des foins , réuffir à lui plaire.

MISS.

Quand je vous le difois... Je dois même augurer
Que vous avez déjà des raifons d'efpérer.
J'en fuis fûre à préfent ; j'en crois un tel fourire...

(*en riant.*)

Vous verrez que c'eft elle... Allons , il faut le dire,
Puifque que j'ai deviné...

LE CHEVALIER.

Mais... fuffit. Je me tais.

MISS.

Les gens très-amoureux font toujours indifcrets.

Oh !

Oh ! je vois ce que c'eſt ; vous voudriez connoître
Si c'eſt de bonne foi... vous en doutez peut-être ?
Stéele eſt un peu coquette , avouez...

LE CHEVALIER.

Non vraiment.

Elle a l'art de parler très-naturellement.
De la coquetterie avec un air ſi tendre !

MISS.

Ainſi donc votre cœur ne peut plus s'y méprendre ?

LE CHEVALIER.

Je crois qu'en m'y fixant, j'obtiendrois, entre nous,
Qu'elle ne me vît pas des mêmes yeux que vous.
Mais un événement fait que mon cœur balance.

MISS.

De quoi s'agit-il donc ?

LE CHEVALIER.

De mon rappel en France.

MISS.

(*à part.*)   (*haut.*)
Votre rappel ? Ah ! Dieu ! Quand l'avez-vous reçu ?

LE CHEVALIER.

Aujourd'hui , ce matin ; le Roi l'a déjà vu.

MISS, (*ſe remettant de ſon émotion.*)
Ce départ eſt pour vous une triſte nouvelle ;
Eh ! comment l'accorder avec vos ſoins pour Stéele ?

(*Un Valet apporte un Billet à Miſs.*)

(MISS , *après avoir lu.*)
Des vers de Rocheſter !

D

LE CHEVALIER.

Bien amoureux, bien doux!

MISS.

Tenez, s'ils font pour moi, l'apostille est pour vous.

(*lisant.*)

« Ma muse au Chevalier est tant soit peu rebelle ;
» J'ai fait pour vous les vers qu'il demandoit pour Stéele ».

(*s'efforçant pour rire.*)

Rochester est charmant... Ah ! vous m'allez montrer
Ceux que Ladi sans doute a su vous inspirer.

LE CHEVALIER.

Ladi, car c'est en vain que j'en ferois mystere,
Les inspire encore mieux que je ne fais les faire.
La muse de Milord est alerte à rimer ;
Moi, pour chanter mes feux, je fais trop bien aimer.
Plein des plus tendres soins, en secret je préfere
A l'orgueil d'en parler, le plaisir de les taire.
Je suis bien revenu de l'éclat & du bruit.
La vanité triomphe, & l'amour seul jouit.
Quels que soient, en un mot, mes sentimens pour Stéele...

(*à un mouvement d'impatience de Miss.*)

Mais je vous importune, & je vole auprès d'elle.

(*Il sort.*)

SCENE VIII.

MISS, (*seule & avec la plus grande senfibilité.*)

Qu'ai-je vu? Qu'ai-je fait? Ai-je affez enduré?
On me trahit !.. Il l'aime... il en eft adoré !
Rochefter le favoit... Stéele, parjure amie !
Je l'accufe, & pourtant mon cœur la juftifie.
Mais, dans le doute affreux qui me vient agiter,
Si je dois la haïr, j'aime mieux l'éviter.
 (*après avoir rêvé un inftant.*)
L'amitié de ce trait eft-elle bien capable ?..
Ah ! quand l'amour le veut, elle eft bientôt coupable.
A quoi penfois-je auffi d'éprouver mon Amant ?
La trifte certitude ajoute à mon tourment.
Je le vois ; le plus sûr, avec une ame ingrate,
Eft toujours de garder le bandeau qui nous flatte.
D'une erreur qui lui plaît fe laiffant occuper,
Hélas !.. heureux le cœur qu'on peut encor tromper !

Fin du fecond Acte.

ACTE III.

SCENE PREMIERE.

MILORD ARLINGTON, ROCHESTER.

ARLINGTON.

Je venois revoir Mifs.

ROCHESTER.

Et Mifs n'eft pas vifible !

ARLINGTON, (*en confidence.*)

La fcene de tantôt fut très-repréhenfible,
Et, comme mille fois l'événement prouva
Qu'on ne fait ce qu'on tient avec ces efprits-là,
Avant de la quitter, je veux qu'elle s'engage.
Je viens de rédiger...

ROCHESTER.

Un plan de mariage ?

ARLINGTON.

Oui. Projet, garantie.

ROCHESTER.

Un bon arrangement,
Qui ftipule vos droits & d'Epoux & d'Amant.
Sage précaution ! moi, je vous la confeille.

ARLINGTON.

J'ai prévenu l'avis : le Roi figne.

ROCHESTER.

A merveille !
Il ne faut pas ſouffrir qu'on échappe à vos vœux.
Je ne ſuis pas ſurpris de vous voir amoureux ;
Car Miſs eſt , j'en conviens, d'une humeur très-heureuſe ,
Fine , ſpirituelle... un peu trop ſérieuſe.

ARLINGTON.

Sérieuſe ! ma foi, je n'ai point vu cela ;
Et je ne conviens point qu'elle brille par-là.

ROCHESTER.

Non ? J'en crois votre goût.

ARLINGTON.

Pour le goût , je m'en pique.

ROCHESTER.

Vous avez en parlant certaine grace antique...
Sur-tout l'art d'embrouiller certaines vérités ;
Oui ; c'eſt ſur vos pareils en quoi vous l'emportez.

ARLINGTON.

Vous connoiſſez vos gens.

ROCHESTER.

J'en viendrai là peut-être.
Au défaut de génie , il faut bien s'y connoître.
Depuis que vous veillez ſur le Gouvernement,
Comme tout , par vos ſoins , eſt mené leſtement !

ARLINGTON.

Cela va.

D iij

ROCHESTER.

Vous vexez le Peuple un peu. Qu'y faire ?
La Cour s'en trouve bien, & c'est la grande affaire.

ARLINGTON.

On ne s'apperçoit pas que les fonds soient baissés.

ROCHESTER.

Forte opération !

ARLINGTON.

Oui.

ROCHESTER, (*après une pause.*)

Vous rajeunissez !

ARLINGTON.

Oh ! j'ai de tems en tems des crises diaboliques.

ROCHESTER.

Les penseurs sont toujours plus ou moins asthmatiques.

ARLINGTON.

C'est un inconvénient.

ROCHESTER.

Quelques mois de repos
Répareront le mal que vous font vos travaux.

ARLINGTON.

Je laisse un Résident qui sous ma main s'éleve.

ROCHESTER, (*à part.*)

Juste Ciel ! par le Maître, on peut juger l'Eleve.

ARLINGTON.

Vous approuvez cela ?

ROCHESTER.

Moi ? Je vous en réponds.
Il doit aller bien loin , aidé par vos leçons.

ARLINGTON.

Oh ! par moi la machine est si bien combinée,
Que je l'ai mis au fait en une matinée.

ROCHESTER.

Et c'est ?

ARLINGTON.

Le gros Betford, ici très-renommé.

ROCHESTER.

Oui , Citoyen suspect, mais Convive estimé.
Diable , c'est un bon choix...

SCENE II.

LES MÊMES, *un des Gens d'Arlington.*

LE VALET, (*mystérieusement.*)

Les Couriers vous demandent.

ARLINGTON, (*d'un air discret.*)
C'est assez ; je vous suis : qu'un moment ils attendent.

D iv

SCENE III.
ARLINGTON, ROCHESTER.
ARLINGTON.

Ah ! Monſieur, quels détails ! Hé bien, malgré cela,
Chacun eſt à ſa place, & le travail eſt là.
Mais, comme enfin du faîte il faut par fois deſcendre ,
Et qu'un génie ardent n'exclut point un cœur tendre,
Servez-moi près de Miſs ; faites-lui bien ſentir
Tout le prix d'un hymen où j'ai pu conſentir ;
Etant ambitieuſe , elle ne peut mieux faire.
    (*regardant ſi perſonne n'écoute.*)
Je lui révélerai l'eſprit du Miniſtere ,
Et, comme par l'adreſſe on fait tout à la Cour,
Elle pourra fort bien gouverner à ſon tour.
Hem ! Vous ſuivez le fil ?
ROCHESTER.
                Je ne l'atteins qu'à peine.
Combien de réſultats ! L'un dans l'autre s'enchaîne,
Et l'on s'y perd au moins ; mais je vous ſervirai ;
Près de Miſs, à coup-ſûr, je vous ſeconderai.
ARLINGTON, (*lui prenant la main.*)
Tâchez... c'eſt que... ſuffit...
ROCHESTER.
                La réuſſite eſt ſûre.
ARLINGTON.
On m'attend, je vous quitte, & reviens pour conclure.
    (*Il ſort , rencontre Ladi , & ſe ſauve en la voyant.*)

SCENE IV.

LADI, ROCHESTER.

LADI, (*effrayée à l'aspect d'Arlington.*)

Dieu ! moi qui cherchois Miss ! encor cet Arlington ?

ROCHESTER.

En propre original.

LADI.

Eh ! que dit-il de bon ?

ROCHESTER.

De bon ? Oh ! rien du tout. Çà, sans plus de mystere,
A notre Chevalier vous avez donc su plaire ?

LADI.

Moi, lui plaire ! il s'en faut, & je ne pense pas...

ROCHESTER, (*l'observant avec malignité.*)

Il est décidément enchaîné sur vos pas.
Vous l'aimez, il vous aime ; il a su m'en instruire.

LADI, (*en riant.*)

Lui ? Voilà donc tantôt ce que vous vouliez dire ?
Vous m'impatientez.

ROCHESTER.

Je ne sais pas pourquoi.
Une veuve peut bien disposer de sa foi.

LADI, (*très-gaîment.*)

Je n'en dispose point : je n'ai pu le séduire,
Et mon cœur sur le sien n'a pas le moindre empire.

ROCHESTER.

Bon ?

LADI.

L'on ne peut, je crois, me difputer cela ;
J'ai des convictions fur cet article-là.

ROCHESTER.

Ah Ciel ! de lui vraiment je vous croyois éprife ;
Sans cela , rangs, honneurs, mon ame enfin foumife
Vous auroit tout offert.

LADI.

Et mon cœur trop flatté,
Réduit aux feuls regrets, n'auroit rien accepté.

ROCHESTER.

Eh ! par quelle raifon ?

LADI.

Oh ! pour une mifere.

ROCHESTER.

Je m'en doutois, un rien.

LADI.

Mais un rien qu'il faut taire.

ROCHESTER.

A moi qui vous eftime & vous juge autrement
Que Madame Halifax, que vous défendiez tant !
Une franche étourdie, &...

LADI, (à part , & toujours avec gaîté.)

Chaque mot m'irrite ,
Et je vois qu'il eft temps qu'Halifax reffufcite.

ROCHESTER.

Ce que je vous dis là, je l'ai penſé vingt fois;
Et tout veut, ſongez-y, que vous faſſiez un choix.
Avec cet air piquant, cet aimable ſourire.

LADI.

Pourſuivez, je me ſauve.

ROCHESTER.

     Eh! non, je me retire.
Le Chevalier vous cherche, & je m'apperçois bien
Qu'il ne faut pas troubler un ſi doux entretien.

<hr>

SCENE V.

LADI, LE CHEVALIER, ROCHESTER.

LE CHEVALIER, (*à Rocheſter.*)

Vos vers ſont fort touchans, je vous en félicite.

ROCHESTER.

A votre tour, Monſieur; quand on doit on s'acquitte.
Tout vous ſert, & Madame a beau ſe déguiſer,
 (*avec un air cauſtique.*)
De ſon cœur, pour vous ſeul, elle va diſpoſer.

     (*Il ſort.*)

SCENE VI.

LADI, LE CHEVALIER.

LADI.

Qu'est-ce donc? Dites-moi... Rochefter eft unique!
Très-indifcretement fur nous deux il s'explique.
Comment? Il tient de vous, fi du moins je l'en croi,
Que, détaché de Mifs, vous l'oubliez pour moi.

LE CHEVALIER, (*d'un ton libre & gai.*)

Je viens le prendre au mot.

LADI.

Qui? Vous? Quelle apparence?
Vous avez fait tantôt la plus belle défenfe!
Peut-être auffi gagnai-je à la réflexion.
Ainfi donc, Rochefter...

LE CHEVALIER.

Rochefter a raifon.
Tout m'éloigne de Mifs, tout veut que j'y renonce.
Mon bonheur en dépend; c'eft lui feul qui prononce,
Et, fi quelque regret peut encor me troubler,
J'offre à la plus fenfible un cœur à confoler.

LADI.

Vous verrez que c'eft moi qui fuis la plus fenfible!
Vous voilà donc enfin un peu moins inflexible?

(*s'éloignant du Chevalier.*)
Aime-t-il toujours Mifs, ou veut-il la trahir?

Eſt-ce dépit, ou non ? Je dois m'en éclaircir ;
Oui , l'amitié le veut.

     LE CHEVALIER, (*ſe rapprochant.*)
          Quoi ! Craignez-vous ma vue ?..
Ah ! mon amour tantôt vous a trop entendue.
Il faut que je vous aime indiſpenſablement.
Me conſeillant vous-même un autre attachement ,
Vous m'avez plaint, preſſé... Que dis-je ? En ma préſence
Des ſoupirs ont pour moi fini la confidence.
Je les prends comme aveux , & crois, ſans me flatter,
En les prenant ainſi , les bien interpréter.

     LADI, (*en baiſſant les yeux.*)
Quoi ! Si par un retour...

     LE CHEVALIER , (*très-vivement.*)
          Non , non, vous voilà priſe ,
L'attaque vint de vous, la revanche eſt permiſe.

     LADI, (*en riant.*)
La revanche ? Un moment.

     LE CHEVALIER , (*très-gaîment.*)
          Eh! mais , c'eſt tout au plus.
Les momens ſont ſi chers , & j'en ai tant perdus !

     LADI , (*après avoir rêvé un inſtant.*)
Il faut donc , comme vous, être franche & ſincere.
Mes yeux vous ont trop dit combien vous ſavez plaire,
Et de les démentir je n'ai plus le pouvoir.
Reſte à concilier l'amour & le devoir.

   (*en l'obſervant.*)
Et l'hymen ſeul...

LE CHEVALIER, (*avec l'air du plus grand embarras.*)
Sans doute... oui... foit... je vous époufe.

LADI.

J'y compte.

LE CHEVALIER.
Oh! Mifs, je crois, en fera bien jaloufe!
Et...

LADI.

(*à part.*)   (*haut.*)
Bon! il l'aime encor. Toujours Mifs!

LE CHEVALIER.
C'en eft fait,
Et je vais, grace à vous, l'oublier tout-à-fait.
Si j'en parle, ce n'eft qu'avec indifférence.

LADI.

Oui ?..

LE CHEVALIER.
Rire, en apprenant qu'on me rappelle en France!
Me vanter Rochefter, fe plaire à m'outrager!
Que j'aurai de plaifir à pouvoir m'en venger!

LADI.

A votre place, moi, calme dès l'inftant même...

LE CHEVALIER, (*de l'air le plus agité.*)
Je le fuis... Allez-vous croire encor que je l'aime?

LADI.

De cette trahifon vous foupçonner! qui? Moi?
Ne me venez-vous pas d'engager votre foi?

Oui ; mais écoutez donc : léger comme vous l'êtes,
Puis-je ici me fier aux fermens que vous faites ?
Vous m'aimez , n'eft-ce pas ?.. J'y crois... Hé bien , faifons,
Là... pour ma fûreté , quelques conditions.
Il faut , lorfqu'on époufe une femme eftimable ,
Unir une ame vraie au ton d'un homme aimable ,
Serrer avec délice un lien adoré ,
Et rendre heureux l'objet que l'on a préféré ;
Se faire de ce foin une agréable étude ,
S'y fixer par amour , & non par habitude ,
Soumettre au fentiment les volages defirs ,
Et par la confiance enchaîner les plaifirs.

LE CHEVALIER.

Eh ! vraiment, ce bonheur dont vous tracez l'image ,
Si j'euffe époufé Mifs , eût été mon partage ,
Et fans peine à ce plan mon cœur fera foumis.
Cent fois , fongeant à Mifs , je me l'étois promis ,
Je m'étois dit cent fois que le plaifir fuprême
Eft de paffer fes jours dans la chaîne qu'on aime ,
D'y conferver ces foins, cet intérêt flatteur,
Qui prolonge le charme , & prévient la froideur.
Oui , trop heureux qui fixe ainfi fa deftinée ,
Qui , fous les douces loix d'un riant hymenée ,
A l'art de mettre à tout le prix d'une faveur ,
Par celui d'une époufe affermit fon bonheur,
N'ofe en exiger rien, qu'au gré de fon ivreffe,
D'égards ingénieux entretient fa tendreffe ,
Et , ménageant enfin jufqu'à fa vanité ,

Par le calme du cœur ajoute à sa beauté !
Tel fut mon vœu pour Mifs. Plein d'une ardeur nouvelle,
Je crois digne de vous un cœur... formé pour elle.
Vous y pouvez compter.

L A D I.

Mais je l'efpere bien,
Et mon amour jaloux ne vous paffera rien.
   (*en l'obfervant.*)
Ainfi donc, fi j'en crois tant de délicateffe,
Votre ame, en s'engageant, va tenir fa promeffe ?
Dans un nœud légitime, & doux, quoiqu'innocent,
Heureux de captiver un être intéreffant,
Vous allez pour lui feul réferver votre hommage;
Chacun de vos fuccès deviendra fon ouvrage,
Et vous nous prouverez que l'on peut, fans ennui,
Aimer encor demain ce qui plaît aujourd'hui.

L E C H E V A L I E R, (*avec tranfport.*)

Juftement; & ce bien, dont l'efpoir me flatte,
Doublera, s'il peut être envié par l'ingrate.

L A D I.

Fort bien ! c'eft le dépit qui feul vous fait la loi;
Vous ne fongez qu'à Mifs, je le fens, je le voi.
Si Mifs vous eût aimé...

LE CHEVALIER.

Pardon. C'eft trop le taire.
J'éprouve, à fon nom feul, un trouble involontaire.
Ladi, par cet aveu, qui vous furprend, je croi,

Je

Je perds en un moment, vous, ma vengeance, & moi;
Mais n'importe, il m'échappe. En vous voyant si belle,
Je devrois la haïr... je la hais, la cruelle!
N'en doutez pas... mais trop, je ne puis le nier,
Pour en aimer une autre, & trop pour l'oublier.

LADI.

Ce transport est charmant! vous m'en voyez ravie.
Vous êtes digne enfin du cœur de mon amie!
Reprenez, s'il vous plaît, vos premiers sentimens.
 (*en riant.*)
Monsieur, je romps nos nœuds, je vous rends vos sermens.
Le seul bonheur de Mifs fut l'objet de mon zele ;
Le traité que j'ai fait, mon cœur l'a fait pour elle.
Vous le tiendrez.

LE CHEVALIER.
Comment? Vous savez qu'Adelson...

LADI.

Vous détefte?

LE CHEVALIER.
A peu-près.

LADI.
Eh! si je fais que non ?

LE CHEVALIER.
Qui? Vous? Dites, parlez, calmez une ame ardente.
D'un secret qui me touche, êtes-vous confidente ?

LADI, (*après avoir héfité quelques inflans.*)
Ah! Mifs affez long-temps a fait languir vos feux,
E

Et vous défabufer, c'eft vous fervir tous deux.
Quand j'ai paru rêver, vous chercher, & vous plaindre...

LE CHEVALIER.

Hé bien ?

LADI.

C'eft Adelfon qui m'obligeoit à feindre.
Enfin... à vos rigueurs elle a pu m'expofer !
Et moi, j'ai confenti pour la tranquillifer...
C'eft trop, je n'y tiens plus ; oui, fachez de moi-même,
Que je n'y fuis pour rien, mais qu'Adelfon vous aime.

LE CHEVALIER.

Ciel ! veillai-je ? Elle m'aime.

LADI.

Oui, fon cœur eft à vous,
Et de vous l'annoncer, le mien étoit jaloux.

LE CHEVALIER, (tranfporté de joie.)

Ladi, chere Ladi !..   (Mifs paroît.)

SCENE VII.

MISS, ARLINGTON, ROCHESTER,
LADI, LE CHEVALIER.

LE CHEVALIER, (fe précipitant aux genoux
de Mifs.)

Que vois-je ? Dieu ! c'eft elle !
Se peut-il ?.. Dois-je croire à ce que m'a dit Stéele ?

Vous doutiez de mon cœur !.. Ah ! tout de vous me plaît.
J'aimois jusqu'aux tourmens dont vous étiez l'objet.

MISS.

Quel langage ! Comment ? Puis-je croire ?

LE CHEVALIER.

Oui, sans doute.

MISS, (*enchantée.*)

Quoi ?

LADI.

M'en veut-on encor ?

MISS.

Je ne sais... je redoute...

LE CHEVALIER.

Quoi donc ? L'ardent amour qui m'attache à vos pas.

MISS, (*très-vivement.*)

Stéele sait...

LADI.

J'ai tout dit.

MISS, (*en regardant tour à tour Stéele & le Chevalier.*)

Je ne l'en dédis pas.

(*Il lui baise la main avec transport.*)

ROCHESTER, (*en riant de la surprise d'Arlington.*) (*à Miss.*)

Souffrez-nous pour témoins. Je commence à comprendre
Qu'au don de votre main je ne dois plus prétendre.

ARLINGTON, (*à Rochester.*)

Et mon projet d'hymen !

ROCHESTER.

Devient hors de propos.

ARLINGTON.

Je n'ai plus, je le vois...

LADI.

Qu'à partir pour les eaux.

ARLINGTON, (*regardant tout le monde d'un air stupéfait.*)

Je pars...

ROCHESTER, (*le reconduisant.*)

Bon jour, Milord, tâchez de vous distraire,
Et soignez une tête utile à l'Angleterre.

SCENE DERNIERE.

LES MÊMES, *excepté* ARLINGTON.

ROCHESTER, (*au Chevalier.*)

Les plaintes, n'est-ce pas, seroient hors de saison ?

LE CHEVALIER, (*en riant.*)

Je vous avois promis d'épouser Adelson.

ROCHESTER.

Ah ! vous commencez donc à tenir vos promesses ?
Par bonheur, il me reste où placer mes tendresses.
Apparemment Ladi ne refusera pas...

LADI.

Eh ! mon Dieu, si, Milord.

ROCHESTER.

Fort bien, autre embarras !
Stéele, en dépit de tout , craint de se voir liée ?

LADI.

Non ; Stéele ne craint rien, mais Stéele... est mariée.

LE CHEVALIER.

Comment ?

ROCHESTER.

Je le savois. D'Ormond m'avoit tout dit.

LADI, (gaîment.)

Vous avez, en ce cas, le plus méchant esprit !

ROCHESTER.

Dès qu'on me trompe, moi , je n'ai plus d'indulgence.

LE CHEVALIER.

Votre Rival, Milord, vous offre une vengeance.
Dites qu'à mille erreurs trop long-temps engagé ,
Il connut Adelson , & qu'il fut corrigé.

F I N.